Reise durch

VIETNAM

Bilder von
Mario Weigt

Texte von
Hans H. Krüger

Stürtz

Erste Seite:
In der Nähe von Hoa Lu, der alten Kapitale Nordvietnams, stakt ein Mädchen ihren Kahn durch einen überwucherten Kanal. Die Wasserpflanzen werden geerntet und als Viehfutter verwendet.

Vorherige Seite:
Diese bizarre Landschaft aus vielen Karstfelsen und wenig Wasser wird die Trockene Ha-Long-Bucht genannt. Sie liegt rund 110 Kilometer südlich von Hanoi und zählt zu den beliebtesten Ausflugszielen des Landes.

Unten:
In der Provinz Ben Tre im Mekong-Delta schiebt eine mobile Baguette-Verkäuferin ihr Fahrrad durch eine Bananenplantage. Das Delta ist die Reiskammer und der Obstgarten Vietnams.

Seite 10/11:
Dies ist der größte und schönste schwimmende Markt im Mekongdelta: der Cai-Rang-Markt bei Can Tho. Handel ist meist Frauensache. An langen Holzstangen sind die Gemüsesorten aufgeknüpft, die auf dem jeweiligen Boot verkauft werden.

Inhalt

14
P

Vietnam zwischen gestern und übermorgen

Ein Café in der Ly-Tu-Trong-Straße in der nordvietnamesischen Hafenstadt Haiphong. Die Gäste sitzen auf kniehohen Plastikstühlen, ihre Mopeds parken in Sichtweite. Getrunken wird grüner Tee oder sehr starker Kaffee.

Auf dem Nachtflug nach Vietnam, im bildleeren Raum zwischen Bangkok und Hanoi, kommt der Reisende mit einem Mitpassagier ins Gespräch. Er ist ein mittelgroßer, untersetzter Mann Ende fünfzig. Er spricht ein schönes, flüssiges Deutsch. Nur wenn er seine Gefühle beschreibt, redet er stockend, sucht nach Worten. Er heißt Van Tri und hat keine Heimat. Als Achtzehnjähriger kam er für ein Ingenieurstudium nach Deutschland. Natürlich blieb er. Er hat eine junge Vietnamesin geheiratet, ist Vater einer zwanzigjährigen Tochter. Die Familie betreibt in Süddeutschland ein vietnamesisches Restaurant. Seit „Doi moi", was Erneuerung heißt und Vietnams Rückkehr in die Weltgemeinschaft bedeutet, reist er wieder regelmäßig ins Land seiner Vorväter.

Seine Familie, einst wohlhabende Großgrundbesitzer, stammt aus der Nähe von Da Nang. Ein armes Dorf, bis heute ohne Strom und Asphaltstraße. Schon während der französischen Kolonialzeit, erzählt Herr Van Tri, sei die Gegend Guerillagebiet gewesen. Nachts bewegte sich der kommunistische Vietminh durch Dörfer und Ansiedlungen, tagsüber tauchten französische Flugzeuge am Himmel auf und warfen Bomben ab. Die Bauern aber gingen ihrem jahrhundertealten Leben nach. Sie pflanzten Reis und Mais, züchteten Schweine und Hühner. Sie opferten den Göttern. Zwar gab es im Dorf unterschiedliche Religionsgemeinschaften – Buddhisten, Taoisten, Katholiken – bestimmend für das Zusammenleben war jedoch die klassische chinesische Lehre: Alle Dinge haben ihre Wurzeln im Himmel, nur der Mensch wurzelt in seinen Ahnen. Die Gesellschaft war geformt wie eine Pyramide. Jeder besaß seinen unveränderlichen Platz, was gleichzeitig Sicherheit bedeutete und Fesselung. Der Jüngere ehrt den Älteren, die Frau den Mann. Kinder wurden verheiratet, Söhne erbten, und nur sie konnten die Totenriten für die verstorbenen Eltern vollziehen. Wer allein bleibt, dessen Seele zieht ruhelos umher.

Leise sagt Herr Van Tri: „Jetzt bin ich ein Besucher, ein Tourist. Meine Dollars machen

mich zu etwas Besonderem. Viele Verwandte reisen bis zu tausend Kilometer an, um mich zu sehen. Sie brauchen meine Hilfe." Er lächelt: „Sie wollen mein Geld." Wann verliert man seine Heimat? Das sei nicht nach Jahren zu messen, sagt Herr Van Tri. Je länger er in Deutschland lebe, desto schwerer falle ihm die Rückkehr. Wenn er heute von Deutschland nach Vietnam reisen würde, gäbe es den Schmerz des Abschieds und gleichzeitig die Freude der Heimkehr. „Manchmal vergisst man, wohin man gehört", sagt er. „Als würde man zwei Seelen besitzen." Schöne Metapher. Passt irgendwie auch auf Vietnam. Offiziell heißt das Land „Sozialistische Republik Vietnam". Es ist etwas kleiner als Deutschland, hat rund 87 Millionen Einwohner, zieht sich über 1650 Kilometer von Nord nach Süd. Vietnamesen vergleichen die S-Form ihres Landes gern mit einer durchgebogenen Schulterstange, wie sie zum Lastentragen verwendet wird: Oben hängt Hanoi mit der Tiefebene um den Roten Fluss, unten Saigon und das fruchtbare Mekongdelta.

Dunkle Wälder, lichtübergossene Strände am Südchinesischen Meer, endlose Reisfelder, ein strahlend blauer Himmel, der sich über Bauernhäuser mit glasierten Dachpfannen spannt – manchmal ist das Land von einer vollkommenen Schönheit, die einem das Herz brechen kann. Die Menschen besitzen eine altertümliche Höflichkeit. Selbst Fremden schenken sie ein Lächeln.

Es ist aber auch ein Land, in denen Widersprüche der Kitt der Gesellschaft sind. Worte haben keine tiefere Bedeutung. Und selbst den Bildern darf man nicht immer trauen. Politik erscheint wie ein Fantasieprodukt. In der größten englischsprachigen Tageszeitung, der staatseigenen „Viet Nam News", liest man die austauschbaren Versatzstücke sozialistischer Geschichtsschreibung: „Präsident Nguyen Minh Triet zeigte sich glücklich über die herausragende Entwicklung vietnamesischer Privatunternehmer, die aktiv zur Industrialisierung und Modernisierung des Landes beigetragen haben." Immer gleiche Fotos zeigen ernsthafte Männer in dunklen Anzügen, die sich aufrichtig um ihr persönliches Wohlergehen kümmern.

Staatliche Symbole und Zeremonien sind wichtige Eckpfeiler des Staates. Die Erinnerung an den Krieg wird von der Kommunistischen Partei Vietnams gepflegt und zelebriert. Die Vergangenheit lebt fort in Beton. Bis heute entstehen Kriegerdenkmäler, heroische Figuren der Volksbefreiungsarmee stürmen furchtlos einem Feind entgegen, der seit über drei Jahrzehnten verschwunden ist. Natürlich forderte der Unabhängigkeitskampf – erst gegen die Franzosen, dann gegen die Amerikaner – einen

Die roten Backsteintürme erheben sich im Badeort Nha Trang. Sie zählen zum hinduistischen Cham-Heiligtum Po Nagar und stammen aus dem 7. bis 12. Jahrhundert.

schrecklichen Blutzoll vom ganzen Land. Aber gleichzeitig ist der Krieg auch Grundlage für die Machterhaltung der Partei. Ohne Kampf gegen den Imperialismus keine Aufrechterhaltung des Systems, ohne permanenten Widerstand keine Diktatur des Proletariats. Die Revolution benebelt ihre Kinder.

Da zwei Drittel der Bewohner unter dreißig sind, werden die Erinnerungen an Kampf, Disziplin und Kollektivismus immer weniger beachtet. Wenn Gestern und Heute aufeinandertreffen, ist das Ergebnis paradox. Nicht weit von der alten Demarkationslinie am 17. Breitengrad besucht der Reporter die Tunnel von Vinh Moc. Hier haben sich einst Nordvietnamesen gegen die Bombenangriffe und Artilleriebeschuss der Amerikaner in die Erde gegraben. Der Reisende schließt sich einer Gruppe junger Vietnamesen an. Sie sind zwischen 19 und 20 Jahre alt und studieren an der Universität von Hue Tourismus. In einem Ton aufrichtiger Entrüstung spricht die Führerin von den Gewaltexzessen und den Härten der Vergangenheit. Die Studentinnen lachen und kichern. Die Führerin zeigt ein mal zwei Meter kleine Schlafräume in 15 Metern Tiefe, in denen vierköpfige Familien kauernd übernachten mussten. Die Studentinnen trällern „Like a virgin“ von Madonna. Wenn einer der jungen Männer sie in den dunklen, albtraumhaften Gängen anbuht, kreischen sie laut. „Ich bin mehr an der Zukunft interessiert“, stellt Fräulein Hien fest. Sie ist 19, süß und unschuldig und trägt ein T-Shirt mit der Aufschrift: „Der Schrecken ist angekommen und wird für immer bleiben.“ Fräulein Hien möchte nach ihrem Studium Reisekauffrau werden. Wieviel sie später in ihrem Beruf verdienen wird, weiß sie nicht. „Es ist schwer, überhaupt einen Job zu finden“, sagt sie illusionslos.

Ein ungewöhnliches Land

Vietnam ist fremdartig, exotisch, widersprüchlich. Vietnam ist eine Abfolge fremder Bilder, erschreckend und schön zugleich. Schwer, alles zu beschreiben, alles zu erklären. Deshalb hier, Skizzen aus einem ungewöhnlichen Land:

In der Altstadt von Hanoi gibt es eine Galerie mit dem Namen Hanoi, in der sozialistische

Propagandaposter verkauft werden. Klassische Ikonografien, vertraute Phrasen. Menschen beim Frühsport und die Erkenntnis: „Jedermann im ganzen Land sollte für seine Gesundheit trainieren. Folgt dem Beispiel unseres respektierten und großartigen Onkel Ho." Bauern im Reisfeld, dazu der Spruch: „Schneidet das Gras, düngt rechtzeitig das Feld, um viel Getreide zu ernten." Das Gesicht von Ho Chi Minh, stilisiert als leuchtender Sonnenaufgang, und die Worte: „Nur der Sozialismus, Kommunismus befreit weltweit die unterdrückten Völker und Arbeiter aus der Sklaverei."

Tritt man vor die Tür, überfällt einen die tosende Wirklichkeit. Auf den Straßen bewegt sich ein Hornissenschwarm aus Mopeds und Motorrollern, die quäkend, trötend und hupend alle Verkehrsregeln außer Kraft setzen. Höhere Kader bevorzugen Autos der Marke Lexus und Mercedes C-Klasse. Verkehrspolizisten in Uniformen, hellgrün wie frischgepflanzter Reis, beobachten das Chaos, schreiten aber nicht ein. Läden und Geschäfte sind eine Zusammenballung des Vielen: alles aus Plastik, alles aus Porzellan, alles aus Blech. Boutiquen mit Namen wie „Haute Couture" versprechen französischen Chic. Schaufensterpuppen haben blonde Haare und Rundaugen.

Hinter der Stadtgrenze von Hanoi sind Gestern, Heute und Morgen auf engstem Raum versammelt. Am Straßenrand versprechen riesige Werbeplakate eine Zukunft, die sich fast niemand erlauben kann. Sie zeigen digitale Spielereien von Sanyo, Panasonic und Sony. Von der Straße laufen schnurgerade Wege zu den neuen Trabantenstädten. Bei den Apartmentblocks handelt es sich um Bauten im pseudo-viktorianischen Stil mit Zinnen und Türmchen und in Pastellfarben, Rosa, Ocker, Blau. Da die Hausbreite bei der Besteuerung ausschlaggebend ist, bevorzugen Vietnamesen schmale, lange Schläuche. Eine Drei-Zimmer-Wohnung kostet umgerechnet 15 000 Dollar. Dafür muss eine Verkäuferin dreißig Jahre lang sparen.

Die Vergangenheit arbeitet in den Feldern. Kleinbauern bereiten die Reisfelder für die Aussaat vor. Der Dünger besteht aus Mist und Asche, die in Karren mit der Hand gemischt und mit der Hand auf den Feldern häufchenweise aufgeschichtet werden. Gepflügt und geeggt wird mit Wasserbüffeln. Herr Hoat bleibt mit dem Pflug in der Spur und zieht eine gerade Furche. Er ist 58 Jahre alt, sieht aber sehr viel älter aus. Herr Hoat erzählt: „Wir sind Zuhause acht Personen. Unser Reisfeld ist nur 360 Quadratmeter groß. Meist arbeite ich als Tagelöhner." Dann sagt er: „Ich lebe nur noch zehn Jahre." Fatalismus, die Stärke der Armen, spricht aus jedem seiner Worte.

Im Badeort Nha Trang beginnt der Tag für die Einheimischen sehr früh. Schon um 5.30 Uhr ist der Strand bevölkert mit Joggern, Federballspielern, Badenden und Frauen beim Tai Chi. Touristen kommen erst nach ihrem Frühstück.

Die Lebensader Vietnams

Früher wurde die Strecke Mandarin-Straße genannt. Sie verbindet China mit Hanoi und Saigon. Die Franzosen tauften sie um in „Route Coloniale No. 1". Heute heißt sie ganz prosaisch Nationalstraße 1. Sie ist die Lebensader Vietnams, und die aufregendste Art, das Land zu erkunden: Wenn Hanoi im Rückspiegel des Autos verschwindet, hört es auf zu existieren. Am frühen Morgen herrscht nur wenig Verkehr. Bei den Lastwagen handelt es sich häufig um Fahrzeuge der Marke IFA aus der ehemaligen DDR. Waren werden auf Mopeds oder Fahrrädern transportiert. Bauernfrauen tragen konisch geformte Bambushüte und die schwarzen Pyjamas des Vietcong. Ihre Erzeugnisse schleppen sie auf Schulterstangen zum Markt. Sie gehen barfuß. Die Reisfelder werden von kilometerlangen Wasserkanälen gespeist. Es gibt Entenhüter. Baumbestandene Lehmwege führen zu Dörfern und Weihern außerhalb unserer Zeit. Die Städte sind eine Aneinanderreihung von Namen, die so fremd klingen, als lägen sie auf der abgewandten Seite des Mondes: Ninh Binh, Than Hoa, Vinh, Ha Tinh, Dong Hoi. Aber natürlich steht jeder Name für irgendetwas. In der Nähe von Ninh Binh liegt Tam Coc („Drei Grotten"), eine der schönsten Flusslandschaften Vietnams. Besucher werden in flachen Booten durch Reisfelder und dunkle Grotten gerudert. Than Hoa gilt als eines der wichtigsten kulturellen Gebiete des Landes. Nur zwanzig Kilometer westlich von Vinh befindet sich der Geburtsort von Ho Chi Minh, das Dorf Chua. In Ha Tinh sind die Tropfsteinhöhlen von Phong Nha und der Nationalpark beliebte Ausflugsziele. Dong Hoi, das einst von den Amerikanern völlig zerstört wurde, ist einfach nur eine Provinzstadt aus der Retorte: Plattenbauten, breite, leere Straßen, tote Peitschenlampen und ein Kulturpalast, der den Charme eines Kühlschranks ausstrahlt.

Wo Könige wohnten

Die Cafés am Ufer des Parfümflusses in der alten Königsstadt Hue haben sich auf Liebespaare spezialisiert und angehende Poeten. Man sitzt auf kniehohen Plastikstühlen. Die Tische sind etwas für Kleinkinder. Der Kaffee, sehr stark und sehr süß, wird in kleinen Schalen serviert, die wiederum zum Temperieren in

Reisschalen mit heißem Wasser stehen. Aus den Lautsprechern ertönen Herz und Schmerz. Der vietnamesische Begleiter übersetzt: „Der Wasserbüffel wartet auf den Sonnenuntergang. Die Zukunft wird kommen. Hoffentlich wird sie friedvoll sein." „Gelbe Musik" nennt man solche Lieder in Vietnam. Es gibt noch eine „Rote Musik". In den Texten sind die Soldaten tapfer, die Ähren auf dem Feld reif, und der Sieg ist nah. Der Donauwalzer zählt zur Sparte der „Blauen Musik".

Natürlich wird Hue auch von vietnamesischen Touristen besucht. Meist handelt es sich um Firmenabordnungen, Schulklassen und Veteranenverbände; Individualreisende sind die Ausnahme. In der mächtigen Zitadelle trifft der Reisende Herrn Hai. Der ist 32 und hat das glatte Gesicht eines Jünglings. Herr Hai arbeitet als Ingenieur bei einer japanischen Firma, die in der Industriezone von Hanoi neue Fabriken hochzieht. Sein Monatsverdienst von 450 Dollar macht ihn zu einem Privilegierten. Herr Hai fotografiert brüchige Säulen, Trümmerfelder und gusseiserne Urnen, aber in Wirklichkeit will er nur über seinen Job klagen: „Bei den Japanern muss man arbeiten, bis man tot umfällt. Laut vietnamesischem Gesetz dürfen Mitarbeiter jährlich höchstens 190 Überstunden machen. Die kriege ich schon in einem Monat zusammen. Mein Jahresurlaub beträgt gerade mal vier Tage. Das Leben ist schrecklich, da hilft auch das ganze Geld nicht!"

Von Hue bis Saigon sind es 1100 Straßenkilometer. Wer klug ist, nimmt sich dafür Zeit. Es gibt viel zu sehen: Lang Co, 68 Kilometer südlich von Hue, liegt auf einer malerischen Landzunge zwischen Meer und Lagune. Das Dorf ist bekannt für seine Austernfischerei, für preiswerte Fischrestaurants und für Sonnenuntergänge in Breitwand und Technicolor. In der Hafenstadt Da Nang besuchen Touristen das einzigartige Cham-Museum. Oder sie lassen sich krebsrot färben am kilometerlangen China Beach. Oder sie pilgern zu den Marmorbergen. Benannt sind sie nach den fünf chinesischen Elementen: Wasser, Erde, Metall, Holz und Feuer. Ein lebendes Museum ist heute Hoi An. Zwischen dem 16. und 18. Jahrhundert ankerten in der pittoresken Hafenstadt Segelfrachter aus Japan, China und Indien. Heute kommen Touristen aus aller Welt. Am Thu-Bon-Fluss von Hoi An kommt der Reisende mit Herrn Nguyen ins Gespräch. Der ist 70 Jahre alt und kommunistischer Kader. Sein Glaube ist ein undurchdringbarer Panzer. Herr Nguyen sagt: „Ich war in Trier im Geburtshaus von Karl Marx. Marx war ein großer Mann. Er hat keine Fehler gemacht." Der Reisende schweigt und denkt sich seinen Teil. Wie schon Sokrates

Diese lichtdurchflutete Felsengrotte in den Marmorbergen bei Da Nang war mal eine Krankenstation des Vietcong. Heute ist sie eine buddhistische Touristenattraktion.

bemerkte: Takt ist höher einzuschätzen, als die Wahrheit. Letzte Station Nha Trang. Das verschlafene Fischerstädtchen von ehemals ist inzwischen Vietnams wichtigstes Seebad. An der acht Kilometer langen Bucht stehen koloniale Schmuckstücke, Betonbauten, die ersten Bettenburgen. In der Bucht ankern Kreuzfahrtschiffe und schicken ihre Massen an Land. Bis zur grauenvollen Betonwüste Playa del Ingles auf Gran Canaria ist es noch ein weiter Weg, aber man versucht sein Bestes.

Auf der Überholspur

Saigon, das nur von Offiziellen Ho-Chi-Minh-Stadt genannt wird, entwickelt sich nicht in Schritten, sondern in Sprüngen. Was gestern war, ist heute größer. Was heute ist, wird morgen verschwunden sein. „Wir wollen das Zentrum Asiens werden, das Zentrum der Welt", sagt Herr Nguyen Trong Hoa, Direktor des Büros für Stadtplanung und Architektur. In den nächsten zwanzig Jahren soll sich die Einwohnerzahl der Sieben-Millionen-Metropole um fünfzig Prozent erhöhen. Es gibt Pläne für einen neuen Flusshafen, einen neuen Flughafen, eine U-Bahn. Müllabfuhr und Kanalisation sollen modernisiert werden. Am Saigon-Fluss laufen die Arbeiten für einen Tunnel. Weiter südlich entsteht eine neue Vorstadt, Saigon-Süd. Die Zukunft ist nett und adrett, gesichtslos und geschichtslos.

Wenn der Tag geht, versammelt sich auf dem Rathausplatz von Saigon die wiederauferstandene Mittelklasse Vietnams. Junge Familien und schüchterne Liebespaare genießen das kleine Glück. Sie essen Zuckerwatte oder Eis. Sie trinken den kalorienarmen Saft der Verlierer – Coca Cola Light. In gestutzten Bäumen leuchten bunte Lichtergirlanden, als wäre Weihnachten. Am Kopfende des Platzes sitzt er in vollkommener Harmonie mit sich selbst, ein Kind auf dem Schoß. Sein Kosename wurde zum Epitaph. Bac Ho, steht auf dem Denkmalsockel: Onkel Ho.

„Mein Vater hat die Bibel gelesen und Bier getrunken und ist gestorben", sagt Long. Während der Reisende noch über Religion, Alkohol und den Tod rätselt, offeriert Long ihr Ange-

bot: Ansichtskarten, Sammelalben mit alten Münz- und Banknoten. Long lebt allein mit ihrer Mutter. Vormittags geht sie in die Schule, bis spät in die Nacht versucht sie Touristen ihr mageres Angebot zu verkaufen. Das Verkaufsgespräch kann sie in Mandarin, Französisch und Englisch führen. Long ist zehn Jahre alt. Sie besitzt ein Paar Schuhe.

Die Thai-Van-Lung-Straße weist Saigons größte Dichte an ausländischen Bars und Restaurants auf. Es sind westliche Wagenburgen in der Tiefe des Fernen Ostens. Der Großteil der Gäste besteht aus sogenannten Expatriates. Bei denen handelt es sich um die Fußsoldaten Europas und der USA, Bänker, Ingenieure, Englischlehrer. Ehemalige Siemens-Manager, die nur noch mit Verachtung über ihre einstige Firma sprechen, schlagen sich als freie Einkäufer durch. Wer an der Theke zuhört, lernt mehr als aus jedem Reiseführer. Michael, der seit drei Jahren als Manager einer Softwarefirma in Saigon arbeitet, erzählt: „In Vietnam entscheidet die Familie über alles, selbst über die Stärken des Einzelnen. Ich habe mal den Fehler gemacht und die jüngste Tochter einer Familie als Sekretärin eingestellt. Was für ein Fehler! Die Jüngsten werden hier völlig verzogen. Alle kümmern sich um sie. Die sind unfähig zu arbeiten, Entscheidungen zu treffen. Natürlich stellt man die älteste Tochter ein.“ Peter, der Fotograf, sagt: „Die Unabhängigkeitsbestrebungen einer jungen Saigonerin sind daran zu erkennen, wie stark sie sich die Haare färbt.“ Mike, der unscheinbare Englischlehrer, schwärmt: „Hier gehe ich nie mehr weg. Wo sonst kann man mit dem Moped durch die Stadt fahren, vor der Ampel mit einer sehr hübschen Vietnamesin ins Gespräch kommen und gleich für den nächsten Tag eine Verabredung treffen.“

Sonntagmorgen spielt vor der alten französischen Oper eine Blaskapelle das Lied „Ein Schiff wird kommen“. Neben dem ehrwürdigen Continental Hotel erhebt sich der riesige Klotz des „Park Hyatt Saigon“. Davor parken die Volvo-Busse von Saigontourist und entladen schwitzende russische Touristen. Die Männer tragen striemende kurze Hosen und Doppelrippunterhemden. In den Internetcafés sind fast alle Computer besetzt. Die meisten Kunden sind Halbwüchsige, die sich bei gewalttätigen Kriegsspielen wie Counterstrike und Doom ausleben. Auf den PC-Tastaturen sind die Buchstaben kaum noch zu erkennen.

In Cholon, Saigons Chinesenstadt, herrscht auch am Tag des Herrn der asiatische Dreiklang aus Geschäftigkeit, Chaos und Lärm. An einem Marktstand wühlt Fräulein Huong – ihr Name bedeutet Lila – zwischen billigen Blusen und T-Shirts made in China. Sie ist 22 Jahre

Das Wallfahrtszentrum der Cao Dai in der Provinzstadt Tay Ninh ist eine merkwürdige Mischung aus Kathedrale, Pagode und Moschee. Die Sekte wurde 1926 gegründet. Sie verbindet Konfuzianismus, Taoismus, Buddhismus, Christentum und Islam.

alt. Heute ist ihr freier Tag. Sie arbeitet in einer Fabrik, in der zweitausend junge Vietnamesinnen in hellblauen Uniformen für Ikea und Disney Stofftiere produzieren. Per Handarbeit werden die Augen an Kermit, dem Frosch angenäht, die Beine an Winnie, dem Bär befestigt. Acht Stunden am Tag, sechs Tage die Woche. Das Anfangsgehalt beträgt umgerechnet 60 Dollar im Monat. In den riesigen Hallen quirlen Ventilatoren die Hitze durch. Nach dem Mittagessen liegen die jungen Frauen unter den Tischen der Kantine und halten eine kurze Siesta. Und wovon träumt Fräulein Huong? „Von einem eigenen Moped. Und einem Ehemann. Am liebsten wäre mir ein Ausländer. Er muss nicht jung und gutaussehend sein. Hauptsache, er ist treu und sorgt sich um mich."

Zu Haus bei Jesus, Buddha und Konfuzius

Knapp 90 Kilometer nordwestlich von Saigon liegt Tay Ninh. Hier befindet sich das Wallfahrtszentrum der Cao Dai („Großer Palast"). Die Sekte wurde 1926 gegründet. Sie verbindet Konfuzianismus, Taoismus, Buddhismus, Christentum und Islam. Das Gotteshaus ist eine merkwürdige Mischung aus Kathedrale, Pagode und Moschee. Um Säulen schlängeln sich mystische Drachen. Viermal täglich finden Gottesdienste statt. Besucher können sie von einer Empore aus verfolgen. Eine englischsprechende Einweiserin bittet den Reisenden, ob er nicht ein Polaroidfoto von ihr machen könne. Das ist Frau Phan. Das Foto, sagt Frau Phan, sei für ihren Sarg. Sie sei schon 57 Jahre alt und ihre Tochter habe kein Bild von ihr für den letzten Weg, den jeder allein geht.

Am Neun-Drachen-Fluss

Der mächtigste Fluss Indochinas führt vom tibetischen Hochland durch China, Myanmar (Burma), Laos, Kambodscha und Vietnam bis ins Südchinesische Meer. In Vietnam heißt er „Cuu Long", „Neun Drachen". Wir kennen ihn als Mekong. Zwei Autostunden südwestlich von Saigon befindet sich die Provinzstadt My Tho. Sie ist eines der meistbesuchten Ausflugsziele im Mekongdelta. Am Kai liegen Frachter, Fähren, Fischer- und Ruderboote. Pfahlbauten erheben sich am Flussufer aus den lehmigen Fluten. Es gibt schwimmende Dörfer. Wer hier wohnt, kann mit zwei Jahren schwimmen und

mit drei Jahren rudern. Auf Werften werden hölzerne Frachtkähne in Handarbeit gebaut. Umgeben ist My Tho von einem Meer aus Reisfeldern und schattigen Obstplantagen mit Bananen, Zitrusfrüchten und Mangos. Manchmal entdeckt man abseits des dörflichen Lebens stille Soldatenfriedhöfe. Auf den Gräbern steht „Liet Si" – „Gefallen fürs Vaterland". Einmal passiert der Reisende einen Beerdigungszug. Angeführt wird er vom ältesten Sohn, der ein Foto des Verstorbenen trägt. Die Trauernden tragen weiße Netze über ihrer Kleidung. In Asien ist Weiß die Farbe der Unschuld und des Todes.
Ein letztes Bild aus Vietnam, nicht fürs Fotoalbum, sondern für die Seele: Unterwegs im Grenzgebiet zu Kambodscha. Den Besucher locken keine berühmten Sehenswürdigkeiten. Dies ist nur ein exotisches Wunderland, in dem süßliche Farben die Armut überdecken. In der Abenddämmerung zeichnen sich die Palmen wie ein Scherenschnitt gegen den blutroten Himmel. Wasserbüffel stehen regungslos wie Denkmäler. Dann kippt die Sonne über den Horizont, und das Land verschwindet wie unter einer dunklen Decke. Ab jetzt kann man nichts mehr sehen, sondern nur noch träumen.

Seite 22/23:
Dreiklang aus Palmen, Sand und Meer: Der Mui Ne Beach in der Nähe von Phan Thiet zählt zu den schönsten Stränden Südvietnams.

Seite 24/25:
Es ist Markttag im Bergdorf Bac Ha. Die Frauen in ihrer traditionellen Kleidung gehören zum Stamm der Hmong. Klassifiziert werden sie in unterschiedliche Gruppen: Es gibt Rote, Weiße, Grüne, Schwarze und Blumen-Hmong.

Hanoi und der Norden – Bittersüße Nostalgie

Langsam senkt sich der Abend über Hanoi. Langsam füllen sich die Straßen am Hoan-Kiem-See. Bald beginnt die Rushhour, dann wird kaum noch ein Durchkommen sein.

Abends verwandelt sich Hanoi in ein Lichtermeer. Über breite Boulevards geistern die Scheinwerfer von Mopedhorden wie Irrlichter. An der Promenade des Hoan-Kiem-Sees blinken in den Bäumen bunte Illuminationen. In der Altstadt dampfen Garküchen unter grünstichigen Neonlampen, und der Rauch von Holzkohlefeuern liegt wie Nebel über den engen Gassen. Wenn es Nacht wird, herrscht eine Stimmung aus meditativer Verinnerlichung und bittersüßer Nostalgie. Es ist die perfekte Illusion der exotischen Fremde.

Zwar hat inzwischen auch Vietnams Hauptstadt das Hochhausfieber ergriffen, doch in vielen Vierteln ist Hanoi noch perfektes Abbild einer Zeit, als Städte menschliche Dimensionen besaßen und dem Leben eine höhere Ordnung innewohnte: Pagoden überragen Bürohäuser, Kirchen sind größer als Banken, Paläste ausgedehnter als Einkaufszentren. Im Schatten des Hanoi Towers steht weiterhin das alte Gefängnis aus der Kolonialzeit in dem schon die ersten Revolutionäre geschmachtet haben. Es wurde bis heute nicht mit der Abrissbirne auf den Müllhaufen der Geschichte befördert.

Wer Hanoi verlässt, kehrt zurück in die Vergangenheit. In den Reisfeldern am Stadtrand stehen noch die falschen Versprechungen der Moderne, riesige Werbetafeln mit den Botschaften von Panasonic, Ericsson, Sanyo & Co. Danach taucht man ein in eine vergessene Welt. Die Flusslandschaft von Tam Coc gilt als eines der schönsten Reiseziele des Landes. Auf einem aufgestauten Fluss werden Besucher auf flachen Booten durch Reisfelder und dunkle Grotten gerudert. Sa Pa, der alte Bergort, verwandelt sich im Eiltempo zum Touristenort. Im Grenzort Lao Cai werden Trekkingtouren angeboten zu den Hmong, den Roten und Weißen Thais.

THỜI TRANG 102 HÀNG ĐÀO

Oben:
In der Altstadt von Hanoi befinden sich in dem Wirrwarr aus Häusern, Straßen und Menschen noch immer Orte der Stille. Wie zum Beispiel der Phu-Ung-Tempel.

Rechts:
Vor dem Ngoc-Son-Tempel in Hanoi machen Frauen ab 5 Uhr ihre Morgengymnastik: Tai Chi mit roten Fächern.

Oben:
Die hölzerne, rot angestrichene The-Huc-Brücke führt zum Ngoc-Son-Tempel in Hanoi. Ihr Name bedeutet: Brücke der aufgehenden Sonne.

Links:
Eingang zum Ngoc-Son-Tempel auf dem Hoan-Kiem-See in Hanoi. Im Tempel wird unter anderem der Feldherr Tran Hung Dao verehrt. Er besiegte im 13. Jahrhundert die Mongolen.

Links:
Dieses merkwürdige Gebilde in Hanoi heißt Einsäulenpagode. Wer unbedingt Nachwuchs haben will, muss hier beten.

Links Mitte:
Das Wasserpuppenspiel galt einmal als „feudalistische Belustigung". Inzwischen erfreut es sich in Hanoi wieder großer Beliebtheit. Am Hoan-Kiem-See gibt es ein Theater.

Links unten:
Der Literaturtempel in Hanoi. Hier paukte einst der Adel die chinesischen Klassiker, wurde Konfuzius verehrt. Heute wollen alle Englisch lernen.

Unten:
Frau Than Xuan Anh im Literaturtempel von Hanoi. Die Säulen sind mit Drachen und Phönixen dekoriert, es sind Symbole des Universums. Frau Anh ist Angestellte im Souvenirshop.

Rechts:
Im Schatten der Kathedrale Saint Joseph von Hanoi macht ein Schüler seine Hausaufgaben. Weil es zu wenig Platz gibt, muss der Schulbetrieb morgens und ab Mittag abgehalten werden.

Unten:
Das spielen die Kinder auf der ganzen Welt: Seifenblasen. Hier das Rezept für Monsterblasen: 1,5 Liter Wasser, 200 ml Maissirup, 450 ml Geschirrspülmittel. Zutaten mischen, 4 Stunden ruhen lassen.

Oben:
Jeder Tag beginnt mit einem Appell und Gymnastik: eine Schulklasse in Hanoi.

Links:
Schüler vor der Kathedrale Saint Joseph. Fast jedes Kind geht neun Jahre zur Schule, mehr als 90 Prozent der Bevölkerung kann lesen und schreiben.

Oben:
Dieser Laden in der Hang-Ma-Straße in Hanoi verkauft unter anderem Geistergeld. Es wird beim vietnamesischen Mitt-Herbst-Fest, Trung Thu, verbrannt.

Rechts:
In den Galerien von Hanoi hat man sich auf das preiswerte Kopieren alter und neuer Meister spezialisiert. „Der Kuss“ von Gustav Klimt kostet umgerechnet 40 Dollar.

Oben:
Die Hang-Quat-Gasse in Hanoi ist erste Anlaufstelle für buddhistische Altäre, Statuen und andere religiöse Devotionalien.

Links:
Geflochtene Matten gibt es in der Hang-Chieu-Straße. Ist kein Kunde da, hat man Zeit für ein Schwätzchen.

Die Altstadt von Hanoi – Leben wie im Traum

Wenn die Sonne versinkt, der nächtliche Vorhang sich öffnet, beginnt eine andere Welt. Hanoi wird zu einem Ort außerhalb unserer Zeit. Melancholie hängt in der Luft und der Duft nach heißem Bratfett. Auf den Bürgersteigen der Altstadt sitzen Jung und Alt neben Garküchen auf winzigen Hockern. Es sind schlecht bezahlte Angestellte, Rikschafahrer und Tagelöhner. Sie rauchen Bambuspfeifen, trinken billigen Reisschnaps oder Gerstensaft der Marke „Bia Ha Noi". Je weiter der Abend fortschreitet, desto lauter werden ihre Stimmen. Das vietnamesische Sprichwort entschuldigt: „Ein Mann ohne Wein ist wie eine Fahne ohne Wind."

Vietnams Metropole hat nach ihrer Gebietsvergrößerung 2008 über 6,2 Millionen Einwohner. Dicht gedrängt leben die Menschen in den vier Stadt- und fünf Landbezirken. Die Seele Hanois wohnt jedoch in der Altstadt, einem Schachbrett zwischen Hoan-Kiem-See und Rotem Fluss. Sie ist pulsierendes Herz und architektonisches Wunderwerk zugleich. Die Stadt in der Stadt geht zurück bis in die Zeit der Ly-Dynastie (1009–1225). Damals verlegte Kaiser Ly Thai To seine Hauptstadtresidenz in das heutige Hanoi. Um den Kaiserpalast entstand ein Ring aus 36 quadratischen Vierteln, unterteilt von schnurgeraden Straßen. Angelegt wurden sie für verschiedene Gewerbe und Zünfte. Bauern und Handwerker siedelten sich an. Sie brachten die Traditionen und Überlieferungen einer Landbevölkerung und die Ahnen- und Schutzgeister ihrer Dörfer mit.

Die heutigen Bauten stammen aus dem 19. und 20. Jahrhundert: alte, ziegelgedeckte Wohnhäuser mit Holzjalousien vor den Fenstern und winzigen Balkons voller Wäsche; schmale, drei- oder vierstöckige Geschäftshäuser, in denen unten die Läden sind und die Fassaden zugepappt mit Werbeplakaten. Der Himmel hängt voller Elektro- und Telefonleitungen, an denen Bambuskäfige mit Singvögeln baumeln. Im Ensemble des Alten erheben sich die Bausünden der Neuzeit, fünfstöckige Betonbauten mit gesichtsloser Fassade, aber modernen Sanitäreinrichtungen.

Früher siedelte sich in jeder Straße eine bestimmte Zunft an. Noch immer gibt es eine Fischgasse (Hang Ca), eine Pfeifengasse (Hang Dieu), eine Korbgasse (Hang Bo) und natürlich eine Grabgasse (Hang Mom). Doch das alte Ordnungsprinzip ist längst dem Diktat einer konsumversessenen Gesellschaft gewichen. Inzwischen residiert der Grabmalhersteller neben dem Reisebüro, es folgt eine Buchhandlung, ein Hotel namens „Backpackers Heaven" (Himmel der Rucksackreisenden), ein Karaokeladen. Statt einem Schuhgeschäft gibt es gleich zehn. Alle verkaufen jedoch die gleichen billigen Sandalen, Gummischlappen und Joggingschuhe.

Auf schmalen Bürgersteigen gleiten Fußgänger im Slalom um rollende Suppenküchen, Verkaufsstände und geparkte Mopeds. An einer Kreuzung wartet ein mobiler Reifenflicker auf Kundschaft. Seine gesamte Ausrüstung besteht aus einem Werkzeugkasten, einem Eimer Wasser und einer Standpumpe. Unlizensierte Straßenverkäuferinnen bieten Ansichtskarten, Baseballkappen und Sonnenbrillen an – für alles beträgt der Einstandspreis drei Dollar.

Die Seele der Stadt

Im Gegensatz zu Europa gibt es in Vietnam keine Abgrenzung zwischen drinnen und draußen. Wer in den engen Gassen Hanois unterwegs ist, hat das Gefühl, als dürfe er bei den Nachbarn durchs Wohnzimmer laufen. Fenster und Türen sind weit geöffnet, das Leben findet in der Öffentlichkeit statt. Hier eine Familie beim Abendessen, da Kinder bei den Schularbeiten, dort eine alte Frau vor einem flackernden Schwarz-Weiß-Fernseher.

Doch welche Geheimnisse verbergen sich hinter den Mauern und Fenstern? Fräulein Thu (ihr Name bedeutet Herbst) lebt mit ihrer Familie in einem der traditionellen zweistöckigen Häuser. Fünfzehn Personen auf 60 Quadratmeter, nur eine Toilette und Dusche. „Da lernt man, aufeinander Rücksicht zu nehmen", doziert Frau Thu. Sie ist Mitte Vierzig und unverheiratet. Weil sie als Reiseführerin gutes Geld nach Hause bringt, darf sie allein ein kleines Zimmer bewohnen. „Wir schlafen noch auf Matten. Für Matratzen reicht der Platz nicht", erklärt sie. Trotzdem denkt niemand daran wegzuziehen. Wer möchte schon die Seele einer Stadt verlassen.

Links:
Alles aus Blech in der Hang-Thiec-Gasse in der Altstadt von Hanoi.

Oben:
Heilkräuter und chinesische Medizin bieten die Läden in der Lan-Ong-Gasse.

Bilder rechts, von oben nach unten: *Ein Steinmetz bearbeitet in der Hang-Bac-Gasse einen Grabstein.*

Chinesisches Erbe: Dieser Stempelmacher hat sich auf Namensstempel mit chinesischen Schriftzeichen spezialisiert.

Ganz entspannt vorm Getränkeladen. Übrigens: Das bekannteste Bier Hanois heißt „Ha Noi".

Diese Straßenhändlerin verkauft Enteneier. Nach genau 20 Tagen werden die befruchteten Eier serviert.

Unten:
Dies war mal das Aushängeschild französischer Kultur: Das Opernhaus in Hanoi ist eine verkleinerte Kopie der Pariser Grand Opera.

Rechts oben:
Die letzte Ruhestätte von Ho Chi Minh ist ein wuchtiger Klotz aus Marmor- und Granit

platten, errichtet im Stil des sozialistischen Klassizismus. Das Mausoleum steht auf dem Ba-Dinh-Platz.

Rechts Mitte: *Der Präsidentenpalast war früher Sitz der französischen Generalgouverneure. Es ist das einzige Gebäude in Hanoi, an dem niemals die Farbe blättert.*

Rechts unten: *Auch der Kommunismus kennt das Prinzip der Marienverehrung: Das Ho-Chi-Minh-Museum in Hanoi beweist es.*

Oben:
Wir sind in Haiphong. 1874 wurde Vietnams größte Hafenstadt von den Franzosen erobert. Das Theater erinnert an die einstige Kolonialherrschaft.

Rechts:
Ein Kolonialhaus in der Dien-Bien-Phu-Straße. Hier liegt das europäische Viertel Haiphongs, inzwischen frisch renoviert und restauriert.

Seite 42/43:
Lautlos segelt eine Dschunke durch die Ha-Long-Bucht. Die Bucht, eine 1500 Quadratkilometer große Wasserfläche mit über 3000 Inseln, Felsen und Klippen, ist Weltnaturerbe.

Links:
Auch die Hauptpost von Haiphong ist ein kulturelles Erbe der Franzosen. Manchmal geht die Uhr an der Fassade, meist jedoch nicht.

Unten:
Alte Kaufmannshäuser im Quartier Français von Haiphong. Bis heute übt die koloniale Architektur einen anziehenden Reiz aus.

Linke Seite:
Im Schatten eines riesigen Felsen aus Karst- und Kalkgestein ist eine mobile Händlerin mit ihrem Boot unterwegs.

Unterwegs in der Ha-Long-Bucht. Jede dieser bizarren Bergspitzen, die aus dem Wasser emporragen, hat einen Namen.

Die Menschen in dem schwimmenden Dorf leben vom Fischfang, der Krabbenzucht – und inzwischen auch vom Tourismus.

Ha Long –
Die Bucht des Drachens

Manche Namen sind nicht Schall und Rauch. Haiphong ist eine Stadt mit Bedeutung – Hai bedeutet See, phong Verteidigung. Seit dem 1. Jahrhundert gilt Haiphong als Vietnams Außenposten am Meer. 1872 landete hier das französische Expeditionskorps, das ein Jahr später das 105 Kilometer entfernte Hanoi angriff. Während der Kolonialzeit bauten die Franzosen Haiphong zum Marinestützpunkt aus. Nach der Teilung Vietnams wurde die Stadt zum bedeutendsten Hafen des Nordens. Im Vietnamkrieg wurde sie von den USA stark bombardiert.

Heute hat Haiphong am Golf von Tonking knapp zwei Millionen Einwohner, ist wichtige Hafen- und Industriemetropole. Es ist ein Ort aus einer anderen Epoche, ein Chaos aus Menschen und Dingen, durchschnitten von langen Alleen mit Akazien- und Flammenblumenbäumen. Am Ufer des Cam-Flusses erheben sich frisch renovierte Kolonialhäuser, Villen und kleine Paläste. Die Moderne präsentiert sich als Mischung aus neuen Bürokomplexen und alten Industrieanlagen, aus fremdem Geld und eigenen Zukunftsbeschwörungen. Die eindrucksvolle, 1186 Meter lange Kien-Brücke wurde 2003 mit ausländischer Hilfe errichtet. Das einzige für Touristen zumutbare Hotel, das „Harbour View", hat natürlich fremde Geldgeber und einen Schweizer Generalmanager. Die wichtigsten Investoren kommen aus Taiwan, Südkorea, Singapur und Hongkong. Von der Europäischen Kommission gibt's 20 Millionen Euro zur Bekämpfung der Armut, von den Japanern 50 Millionen für den Ausbau des Containerhafens. Die Lokalregierung dagegen überzeugt mit sozialistischer Rhetorik. Stolz verkündet das Volkskomitee, Haiphong würde sich „zu einer zivilisierten und modernen Hafenstadt entwickeln, als Haupttor zum Meer, als wirtschaftliches Diensthandel-, Tourismus- und Fischereizentrum im Norden".

Legendenhafte Landschaft

Knapp 80 Kilometer östlich von Haiphong zeigt sich Vietnam von seiner schönsten Seite. Die Ha-Long-Bucht, eine 1500 Quadratkilometer große Wasserfläche mit über 3000 Inseln, Felsen und Klippen, ist ein Platz, an dem die Vergangenheit manchmal realer ist als die Gegenwart. Für die Entstehung der bizarren Landschaft gibt es zwei Erklärungen. Die geologische lautet so: Während der letzten Eiszeit senkte sich die südwestchinesische Kalktafel, lief das Wasser aus den großen Binnenmeeren ab und überschwemmte die Flusslandschaft Vietnams. Jene Felsen aus Karst- und Kalkgestein, die aus dem Meer emporragen, sind Bergspitzen. Viel poetischer dagegen klingt die Legende. Sie erzählt: Als Vietnam wieder einmal von Invasoren bedroht war, stürzte sich ein riesiger Drache auf die Flotte der Eroberer, um den bedrängten Menschen zu helfen. Sein gewaltiger Schwanz formte Täler, Schluchten und Furchen, sein gigantischer Körper ließ das Meer ansteigen, bis nur noch die Erhebungen aus dem Wasser ragten. Ha Long bedeutet „niedersteigender Drache".

Das touristische Ha Long besteht aus hässlichen Hotels im Plattenbaustil, malerischen Kolonialvillen unter Sandelholzbäumen und dem größten Fünf-Sterne-Hotel Vietnams, dem „Vinpearl Resort & Spa" mit 500 Zimmern. Im Naturhafen von Bai Chay ist man auf den Besucheransturm vorbereitet. Es gibt ein staatliches Reisecenter, das Fahrtkarten für die Ausflugsdschunken verkauft, eine Tafel mit Abfahrtszeiten, Beamte in schicken Uniformen, die die Tickets abknipsen. Wie üblich in Asien ist nicht festzustellen, wer herumlungert und wer arbeitet.

Die beste Zeit hinauszufahren, ist der magische Moment zwischen Nacht und Tag. Im Zwielicht des neuen Morgens wiederholt sich die Schöpfungsgeschichte. Das Meer wirkt schwarz und glatt wie Öl. Gegen den heller werdenden Himmel zeichnen sich die gezackten Felsen und zerklüfteten Berge wie die Sujets chinesischer Tuschezeichnungen ab. Jede Erhebung hat einen Namen. Der vietnamesische Begleiter murmelt die geographischen Fixpunkte einer verzauberten Welt: „Löwengestein, Brückenkopfgestein, Hahnenkammgestein, Teekannengestein." Manchmal gleitet eine Dschunke vorbei, die lautlos mit dem Wind segelt. China ist nicht weit, Schmuggel eine einträgliche Beschäftigung. Fischerkähne, auf denen Familien leben und sterben, tuckern zu den Fanggründen.

Kleine Bilder rechts:
Hier lächelt Frau Huong in ihrem schwimmenden Haus. Sie ist 28 Jahre alt und die Frau eines Fischers. Vor der Insel Cat Ba ankert ein schwimmendes Dorf. Die Menschen leben vom Fischfang. Frisches Wasser wird in Tonnen gesammelt oder muss für teures Geld von Versorgungsschiffen gekauft werden. Wer einkaufen will, muss den weiten Weg nach Cat Ba rudern. Oder wartet auf das tägliche Lebensmittelboot, auf dem natürlich Frauen arbeiten.

Links:
Wie ein Bild aus der Schöpfungsgeschichte: Sonnenuntergang über der Ha-Long-Bucht.

Ganz links:
Dutzende von Ausflugsbooten sind in der Bucht unterwegs. Die Fahrten dauern meist mehrere Stunden.

Oben:
Fast senkrecht in den Himmel erheben sich die bewachsenen Felsspitzen und Bergrücken. Diese Karstlandschaft südlich von Hanoi heißt Trockene Ha-Long.

Rechts:
Bei Hoa Lu, der alten Hauptstadt des Landes, sammelt ein Bauer Schnecken. Gebraten in Kokosnusssoße sind sie eine Delikatesse.

Seite 48/49:
Schwimmendes Fischerdorf vor Cat Ba. Davor kreuzt ein Ausflugsboot. Die Touren dauern mehrere Stunden, an Bord wird häufig ein Essen aus frischen Meeresfrüchten serviert.

Oben:
Das Schutzgebiet Van Long in der Nähe der nördlichen Provinzmetropole Ninh Binh beherbergt seltene Primaten. Darunter die Delacour-Languren, eine ungewöhnliche Affenart.

Links:
Flusslandschaft bei Tam Coc. Auf flachen Bambusbooten werden Besucher durch eine verzauberte Landschaft aus Reisfeldern und Höhlen gerudert.

Unten:
Dieser Mann mit dem ehrwürdigen weißen Bart ist kein Revolutionär, sondern Herr Chu Van Thin. Der 72-Jährige ist Priester im Thai-Vi-Tempel in Tam Coc.

Rechts:
Verinnerlichung trifft Schönheit: Der Thai-Vi-Tempel bei Tam Coc ist von Reisfeldern und Karstbergen umgeben.

Rechts:
Eingangsportal zum Thai-Vi-Tempel. Mittags um zwölf spielt Priester Chu Van Thin auf einem Saiteninstrument. Über Lautsprecher schallt die Musik ins ganze Tal.

Der Stelenpavillon im Le-Dai-Hanh-Tempel in Hoa Lu. Er ist dem gleichnamigen König gewidmet. Im 10. Jahrhundert war Hoa Lu die Hauptstadt Vietnams. Heute ist es ein ruhiger Ort, der von der Vergangenheit lebt.

Dies ist der Gedenktempel für König Dinh Tien Hoang. Er liegt in Hoa Lu am Fuße eines Hügels, der Pferdesattel (Ma Yen) heißt.

Oben:
Gibbons im Cuc-Phuong-Nationalpark im Norden Vietnams. 1962 wurde das Gebiet im Schwemmland des Roten Flusses zum ersten Nationalpark des Landes erklärt.

Rechts:
Stabheuschrecken im Cuc-Phuong-Nationalpark. Lateinisch heißen sie „Baculum extra dentatum“.

Links:
Dieser Affe mit dem bizarren schwarz-weißen Fellmuster ist ein Delacour-Langur. Er lebt nur in Vietnam, wo es noch rund 300 Tiere gibt. Das „Endangered Primate Rescue Center" unter der Leitung des deutschen Tierschützers Tilo Nadler schützt die bedrohten Tiere vor dem Aussterben.

Unten:
Schmetterlinge im Cuc-Phuong-Nationalpark. Es gibt von ihnen 180 000 Arten in 127 Familien und 46 Unterfamilien, und jedes Jahr werden fast 700 neue Arten entdeckt.

Links:
In den Terrassenfeldern bei Sa Pa im Norden Vietnams wird der Reis geerntet.

Links Mitte:
Umgeben von Gemüse- und Reisterrassen: Ein Bergdorf bei Lao Cai in Nordvietnam. In dem Gebiet lebt unter anderem das Volk der Schwarzen Hmong.

Links unten:
Reisernte. Die Tracht der Frauen verrät ihre Stammeszugehörigkeit, sie sind Schwarze Hmong.

Unten:
Wie Treppen in den Himmel erscheinen die Reisfelder der Schwarzen Hmong. Im 18. und 19. Jahrhundert ist der Stamm über Südchina nach Vietnam eingewandert.

Seite 58/59:
Die Region um Sa Pa ist neben Reisanbau bekannt für ihr mildes Klima. In den 20er-Jahren des letzten Jahrhunderts hatten die Franzosen in diesem traumhaften Hochtal einen Höhenluftkurort eingerichtet.

Rechts:
Das ist die Schule des Dorfes Ta Phin. In der Ortschaft leben die sogenannten Roten Dao. Der Name stammt von ihrer typischen roten Kopfbedeckung.

Unten:
Markttag in Sa Pa. Eine Gruppe von Frauen der Roten Dao kauft ein. Der Höhenkurort Sa Pa wurde 1922 von den Franzosen gegründet. Er liegt auf einem Plateau in 1500 Metern Höhe.

Oben:
Jeden Sonntagmorgen findet in Nordvietnam der berühmte Bac-Ha-Markt statt.Er ist bekannt für seine Handwerksprodukte und wird von vielen Bergvölkern besucht. Diese Frauen gehören zur Volksgruppe der Blumen-Hmong.

Links:
Eine junge Mutter mit ihrem Kind auf dem Rücken besucht den Bac-Ha-Markt. Auch sie gehört zum Bergstamm der Blumen-Hmong.

Seite 62/63:
Buntes Treiben auf dem Bac-Ha-Markt. Der Ort, drei Autostunden von Sa Pa entfernt, zählt noch zu den ursprünglichen Dörfern im Berggebiet.

Hue und die Mitte – Unter einem tropischen Himmel

Auf dem Thu-Bon-Fluss in Hoi An warten Frauen in ihren Booten auf frisch gefangenen Fisch, den die Männer von den Kuttern abladen.

Auf dem Wolkenpass haben sich Herrscher und Eroberer in Stein verewigt. Zwischen Gestrüpp und Felsbrocken erheben sich ein altes Königsgrab, ein Wachturm, französische, amerikanische und nordvietnamesische Bunker. Mit 500 Metern ist dies der höchste Punkt, den die Nationalstraße 1 überwindet. Dichte Wolken schwappen wie Wellen über die Berge und verschlucken alle Geräusche. Busse und Lastwagen bewegen sich durch den kalten Nebel wie Geisterarmeen. Es gibt einen Altar für umherirrende Seelen.

Der Pass ist Wetterscheide und Kulturgrenze zugleich. Nördlich erstreckt sich das Land der Tempel, Pagoden und versteinerten Geschichte: Hue, die alte Kapitale mit ihren berühmten Königsgräbern, der gewaltigen Zitadelle mit Königspalast und Verbotener Stadt, zählt zu den wichtigsten touristischen Attraktionen Vietnams.

Südlich des Passes beginnt die Leichtigkeit der Tropen – Kautschuk- und Ananasplantagen, Salzgärten, in denen das Meer zur Speisesalzgewinnung eingedunstet wird. Da Nang ist eine laute, geschäftige Großstadt. Die größten Kulturschätze liegen fast vor der Haustür. In Tra Kieu, An My und My Son erheben sich Türme, Statuen und Tempel aus rotem Backstein, Erinnerungen an das hinduistische Königreich Champa, das hier vom 2. bis 15. Jahrhundert bestand. Ein lebendiges Museum ist dagegen Hoi An. Zwischen dem 16. und 18. Jahrhundert war es eine bedeutende Hafenstadt. Im Thu-Bon-Fluss ankerten Segelschiffe aus China, Japan, Indien, Europa. Chinesische und japanische Händler siedelten sich an, bauten farbenfrohe Pagoden und prächtige Handelshäuser. Nha Trang gilt als der wichtigste Badeort Vietnams: mildes Klima, weißer Sandstrand, türkisfarben das Südchinesische Meer. Das Leben ist ein langer, ruhiger Tag im Schatten raschelnder Palmen.

Rechts:
Frische Farben in der Verbotenen Stadt des Königspalastes in Hue. Renoviert wurde die Anlage mit ausländischer Hilfe, als Dank dürfen Ausländer mehr Eintritt zahlen als Vietnamesen.

Unten:
Das Westliche Tor der Verbotenen Stadt. Es führt zur Residenz des Königs, in der auch die königliche Familie und die Konkubinen lebten.

Oben:
Der Hien-Lam-Pavillon in der Königsstadt von Hue. Er dient dem Gedenken der Frauen der königlichen Familie.

Links:
Goldene Verzierungen und roter Lack: Innenansicht des The-Mieu-Tempels in der Zitadelle von Hue. In der Gedenkstätte für die Könige stehen zehn Thronsessel.

Unten:
Im Ehrenhof der Grabanlage von König Khai Dinh stehen die Betonfiguren von Pferden, Soldaten und Mandarinen. Die ohne Schuhe sind einfache Diener.

Rechts oben:
Das Grab des 12. Königs Khai Dinh liegt am Süd- ufer des Parfümflusses. Es handelt sich um eine Mischung aus vietna- mesischen, chinesischen und europäischen Stil- elementen. Das Ergebnis ist heftig umstritten.

Rechts Mitte:
Wir sind im Grabraum des Mausoleums von König Khai Dinh. Die bunten Kacheln sind gewöhnungsbedürftig.

Rechts unten:
Ein Mönch wandert um das Wasserbecken der Tu-Hieu-Pagode. In der weiträumigen Anlage gibt es eine Klosterschule, in der buddhistische Novizen unterrichtet werden.

Hue oder: Der König wohnt nicht mehr hier

Hue ist ein leuchtendes Beispiel dafür, dass man mit dem Tod sehr wohl viel Geld verdienen kann. Die einstige Königsstadt am Parfümfluss lebt prächtig von vergangener Größe und ausgelebten Träumen. Von 1802 bis 1945 war Hue Hauptstadt der letzten vietnamesischen Königsdynastie, der Nguyen. Die sechs Königsgräber sind heute Anziehungspunkt für Kulturtouristen aus aller Welt. Sie sorgen für ausgelastete Hotels, volle Restaurants und geschäftige Souvenirläden. Sie füllen die Ausflugsbusse und die bunten Flachboote, die den Fluss hinauffahren zu den Grabstätten und in eine Wunderwelt aus Dschungel, Kiefernwäldern und Reisfeldern.
Von der UNESCO wird Hue als „ein bewundernswertes architektonisches Gedicht" bezeichnet. Die Stadt gilt als kulturelles und geistiges Herz Vietnams. In der Quoc-Hoc-Schule haben unter anderem Landesvater Ho Chi Minh und General Giap, der Held von Dien Bien Phu, studiert. Tatsächlich besteht die Stadt aus zwei gegensätzlichen Hälften. Die Ansiedlung südlich des Flusses ist eine Stadt der Ordnung: breite Boulevards und Avenuen, riesige Hotelbauten wie das „Imperial", ockerfarbene Regierungsbauten im pseudo-kolonialen Stil, lange Reihen von Apartmenthäusern. Morgens um 7 und abends gegen 17 Uhr herrscht Rushhour. Auf der vierspurigen Ha-Noi-Straße ballen sich Mopedhorden vor roten Ampeln, zwölf Reihen nebeneinander, zwanzig Reihen in die Tiefe gestaffelt. Bei Grün geben alle gleichzeitig Gas.

Poetische Abbilder des Himmels

Nördlich des Parfümflusses liegt die alte Kapitale mit der Zitadelle, einem quadratischen Komplex, umgeben von einem zehn Kilometer langen Wassergraben und einer zwanzig Meter dicken Mauer. Die gewaltige Anlage mit dem Königspalast und der Verbotenen Stadt entstand zwischen 1804 und 1831. Als der Besucher kommt, ist es Mittagszeit. Wolkenloser Himmel, kein Tourist weit und breit. Rikscha-Fahrer ruhen im Schatten der Bäume. Beim Ticketkauf zeigt sich, dass nicht alle Menschen gleich sind: Ausländer zahlen 40 Prozent mehr für den Eintritt als Vietnamesen. Der Ärger vergeht, wenn man die Anlage betritt. Hitze wallt zwischen Granitmauern und Steinsäulen. Zikaden lärmen im hohen Gras. Auf Steinplatten schreitet der Gast durch eine Vergangenheit, in der Plätze und Gebäude poetische Abbilder des Himmels waren: Tor der Menschlichkeit, Palast der Himmlischen Harmonie, Hof der Riten, Palast der Ewigkeit und des Langen Lebens, Pavillon der Glorreichen Ankunft.

Nächster Ausflugspunkt: die Thien-Mu-Pagode vor der großen Biegung des Parfümflusses. Der achteckige Phuoc-Duyen-Turm ist das alte Wahrzeichen Hues. Seine sieben Stockwerke symbolisieren die sieben Inkarnationen Buddhas. Den Buddhismus neueren Stils lernt der Reisende auch gleich kennen. Auf dem Gelände der Pagode machen der Ehrenwerte Thich Minh Phu und Begleitung Erinnerungsfotos mit einer neuen Digitalkamera von Sony. Herr Phu ist erst 27, aber bereits stellvertretender Vorsitzender der „Kirche der Buddhisten von Vietnam". „Unser Kloster in Saigon hat 70 Mönche", erzählt er. „Wir machen nicht nur seelsorgerische, sondern auch karitative Arbeit." Dann lässt er über das Display seiner Kamera die Beweise laufen: Häuser- und Brückenbau, medizinische Kinderversorgung, Hilfe in Slums. Zum Abschied überreicht Herr Phu seine zweisprachige Visitenkarte. Dann ist die Audienz beendet. Sein Handy klingelt.
Die Königsgräber erkundet der Fremde mit Herrn Ngo Chu. Der ist freier Taxiunternehmer. Er besitzt eine chinesische 125er Daelim Citi 100 Deluxe. Er ist 65 Jahre alt und hat fünf Töchter. Vor der neuen Zeitrechnung war er Unteroffizier in der südvietnamesischen Armee. Einzige sichtbare Erinnerung an den Krieg ist die weiße Narbe einer Schusswunde am linken Knöchel. „O la la, very bad", sagt Herr Ngo Chu in seinem rudimentären Englisch-Französisch. Auf dem Rücksitz seines Mopeds geht es zu den pathetischen Resten beeindruckender Trauerbewältigung. Wir besuchen das bühnenreife Mausoleum von Khai Dinh. Wir wandern durch die wundersame Parkanlage des Grabmals von König Minh Mang. Wir sitzen im See-Pavillon von König Tu Duc. Viele der Herrscher ließen noch zu Lebzeiten ihre Grabstätten errichten. Zwar ist der Weg ins Jenseits voller Ungewissheiten, aber sie wollten zumindest wissen, wie sie ruhen würden. „O la la, very good", sagt Herr Ngo Chu.

Links:
Kunstvoll bis aufs Dach: Verzierte Ziegel auf einer Pagode.

Oben:
Königlicher Lichterglanz: Nachts wird das Mittagstor der Zitadelle angestrahlt.

Bilder rechts, von oben nach unten: *Studentinnen vor der Grabanlage von König Tu Duc. Sie tragen „Ao Dais", die Nationaltracht vietnamesischer Frauen.*

Mit Porzellanscherben, Glasscherben und Ziegeln sind die Firste am Grabmal von Minh Mang geschmückt, hier ein mystischer Drachen.

Im Teich der Thien-Mu-Pagode blühen die Seerosen.

Der achteckige Phuoc-Duyen-Turm ist das alte Wahrzeichen von Hue.

Rechts:
Was wie bunte Fächer aussieht, ist eine Spezialität von Hue: bunte Räucherstäbchen. Sie werden mit der Hand gerollt und am Straßenrand verkauft.

Rechts:
Ein Mönch im Huyen-Khong-Kloster bei Hue. Der Buddhismus erlebt in Vietnam eine Wiedergeburt. Solange er unpolitisch bleibt, wird er von den Machthabern toleriert.

Ganz rechts:
In Hue werden noch immer die traditionellen Reisstrohhüte hergestellt. Heute kaufen sie meist Touristen, Vietnamesen lieben inzwischen Baseballkappen.

Rechte Seite:
Diese bunten, handgefertigten Lampions werden in einem Geschäft in Hoi An verkauft.

Unten:
Ein Blick in das Innere der Phuoc-Kien-Pagode in Hoi An. Hier huldigte man der Göttin des Meeres. Rot, die Farbe des Glücks, wird großzügig eingesetzt.

Rechts oben:
Diese Räucherspiralen hängen unter der Decke der Phuoc-Kien-Pagode. Je nach Größe können sie mehrere Tage glimmen.

Rechts Mitte:
Verspielt und farbenprächtig erhebt sich der Eingang zur Versammlungshalle der Fujian-Chinesen. Das Gebäude stammt aus dem Jahr 1690.

Rechts unten:
Die roten Spendenquittungen befinden sich im Versammlungshaus der Kanton-Chinesen. Auf ihnen ist vermerkt, wer wie viel Geld gegeben hat.

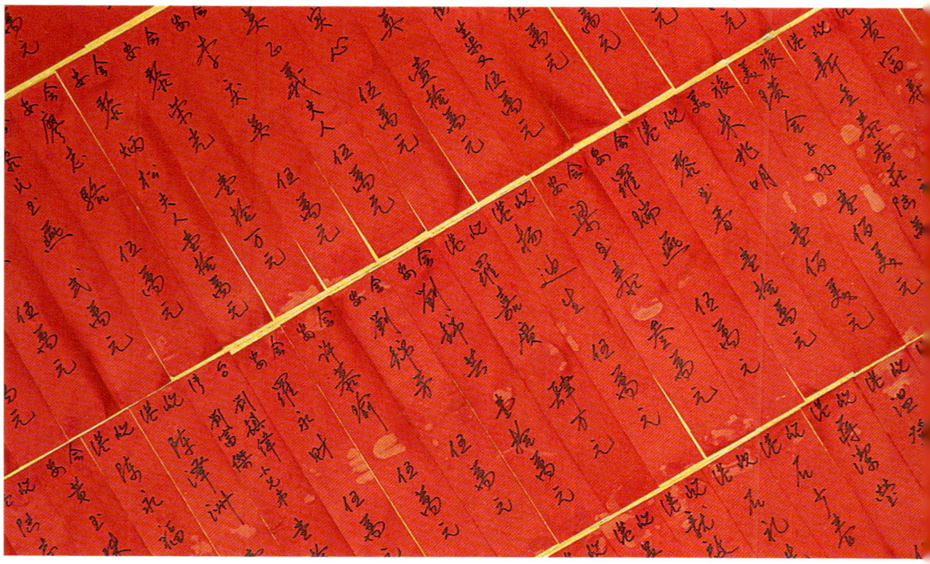

Oben:
Straßenszene in der alten Handels- und Hafenstadt Hoi An. Manchmal wirkt das Städtchen wie eine Kulisse für Kung-Fu-Filme, dann wieder wie der Hintergrund für schwüle Kolonial-Epen.

Rechts:
Auch in Hoi An gibt es ein französisches Viertel mit ockerfarbenen Fassaden und Schatten spendenden Arkaden.

Links:
Japaner und Chinesen lebten in Hoi An in getrennten Wohnvierteln, verbunden wurden diese durch die Japanische Brücke. Deren Bau begann 1593. Und sie steht heute noch.

Unten:
Eine Vietnamesin schiebt ihr Rad über die hölzerne, 18 Meter lange Japanische Brücke und wirft dabei einen langen Schatten.

Unten:
Dies ist die Hoa-Sanh-Duong-Apotheke in Hoi An. Chemie geht nicht über den Ladentisch, hier werden nur Naturkräuter verkauft.

Rechts oben:
Heilende Getränke und Wundermittel zum Einreiben: Medikamente in einer traditionellen chinesischen Apotheke.

Rechts Mitte:
Hinter den Schubladen mit den chinesischen Schriftzeichen lagern die pharmazeutischen Geheimnisse des Fernen Ostens. Mindestens einem Drittel der Mittel wird eine aphrodisierende Wirkung zugeschrieben.

Rechts unten:
Kann man sich gesund betrinken? Man kann! Zum Beispiel mit diesem chinesischen Ginseng-Wein.

永守信譽待顧客

Linke Seite oben:
Das 125 Jahre alte chinesische Kaufmannshaus im Stadtzentrum von Hoi An ist heute das „Ving Hung 1 Hotel".

Links:
Straßenszene in Hoi An. Und über allem flattert die vietnamesische Nationalflagge: gelber Stern auf rotem Grund.

Seite 82/83:
Die Männer fahren zum Fang hinaus, ihre Frauen verkaufen später den Fang: der Fischerhafen von Nha Trang.

Linke Seite unten:
Das Tan-Ky-Haus in Hoi An wird seit 200 Jahren vom gleichen chinesischen Clan bewohnt.

Oben:
Volle Körbe: Fischverkäuferin in Hoi An. Der Markt beginnt früh am Morgen.

Rechts:
Dagegen verblasst jeder Supermarkt: Auf dem Markt von Hoi An werden Gemüse, Obst, Gewürze und Fleisch verkauft. Zuschauen ist umsonst.

Seite 84/85:
Die Ninh-Van-Bucht in der Nähe von Nha Trang bietet eine einzigartige Kulisse für die Gäste des 5-Sterne-Hotels „Six Senses Hideaway Ninh Van Bay“.

Oben:
Still ruht der Fluss: Boote auf dem Thu Bon. Vom 16. bis 19. Jahrhundert ankerten hier Frachtsegler aus Arabien, Indien, China, Japan und Europa.

Links:
Frisch aus dem Meer: Am Bach-Dang-Pier von Hoi An wird der Fang entladen und gleich verkauft.

Links:
In My Son, südlich von Da Nang, erheben sich die Überreste einer hinduistischen Tempelstadt. Vom 4. bis 13. Jahrhundert war My Son das bedeutendste kulturelle und religiöse Zentrum des Cham-Reiches.

Links Mitte:
Wasserbüffel im Reisfeld. Vietnamesen, die längere Zeit in Deutschland gewesen waren, sagen bei ähnlichen Szenen gern: „Da ist ein BMW." Es steht für: Bauer mit Wasserbüffel.

Links unten:
Die 1400 Jahre alten Po-Nagar-Türme in Nha Trang wurden von den hinduistischen Cham errichtet. Heute sind sie ein beliebtes Pilgerziel für vietnamesische und chinesische Buddhisten.

Unten:
Die Schönheit der Farbe Grün: Reisfelder und Palmenhain an der Nationalstraße 1 zwischen Hoi An und Tam Ky.

Rechts:
Auch Vietnamesen sind Touristen. In Da Lat pilgern sie ins „Tal der Liebe“. Ursprünglich hatte Kaiser Bao Dai den Namen „Tal des Friedens“ gewählt.

Unten:
Nur während der Regenzeit bietet der Pongour-Wasserfall bei Da Lat dieses gewaltige Naturschauspiel.

Oben:
Perfektes Reiseziel für gestresste Saigon Bewohner: Der Stausee Da Thien im „Tal der Liebe“.

Links:
Koloniales Schmuckstück: der Bahnhof von Da Lat. Einzige Verbindung heute ist eine Zahnradbahn zum acht Kilometer entfernten Ort Trai Mat.

Oben:
Buon Me Thuot liegt tief im Zentralen Hochland von Vietnam. Hier stehen noch die Langhäuser von Volksstämmen wie den Rhade und M'nong, hier gibt es ein Trainingscamp für Elefanten. Und hier wird natürlich Kaffee angebaut und geerntet.

Rechts:
Nach dem Pflücken werden die Kaffeebohnen sortiert. In Vietnam liebt man seinen Kaffee sehr stark und sehr süß.

Ganz links:
Wertvoller Saft: Auf einer Kautschuk-Plantage bei Buon Me Thuot beobachtet ein Junge, wie der Latex in eine Auffangschale tropft.

Links:
Kautschuk-Plantage: Täglich müssen Arbeiter die Rinde der Bäume einritzen. Meist wird die Arbeit vor Sonnenaufgang gemacht.

Vorsichtig schneidet dieser Mann den Gummibaum an. Der Latexsaft läuft dann in einen Auffangbehälter. Vietnam ist weltweit der fünftgrößte Produzent von Naturkautschuk.

Seite 94/95:
Die wichtigste Sehenswürdigkeit der Stadt Nha Trang ist der Strand. Er ist acht Kilometer lang. Im grellen Mittagslicht leuchtet er weiß wie Schnee und ist so heiß, dass man ihn auf keinen Fall barfuß betreten kann.

Rechts:
Fischmarkt in Nha Trang. Die Provinzstadt liegt in einer weiten Bucht am Südchinesischen Meer. Sie hat knapp 300 000 Einwohner.

Unten:
Europäer wollen braun werden, Vietnamesen Geld verdienen. Beide Gruppen, Touristen und Strandverkäufer, treffen täglich am Beach von Nha Trang aufeinander.

Oben:
Fischer in Doc Let. Der Ort, 40 Kilometer von Nha Trang entfernt, ist berühmt für seinen spektakulären weißen Strand.

Links:
Dieser Mann flicht aus Bambus das traditionelle kreisrunde Korbboot. Es wird mit Baumharz versiegelt und beim Fischfang eingesetzt. Im Vietnamesischen heißt es „thuyen thung“.

Saigon und der Süden – Auf der Überholspur

Sonnenaufgang über dem Fischerhafen von Mui Ne bei Phan Thiet. Der kleine Ort in der Provinz Binh Thuan, 220 Kilometer östlich von Saigon, gilt als die Drachen- und Windsurfhauptstadt Vietnams.

Die Altvorderen erinnern sich noch an die Zeit. Gerade fünfzehn Jahre ist es her, da war Ho-Chi-Minh-Stadt ein verschlafenes Millionendorf mit ländlichem Charakter. Taxis existierten kaum, dafür Fahrradrikschas in Massen. Es gab nur zwei Restaurants, deren Toiletten man unbesorgt benutzen konnte. In staatlichen Läden wurde der Mangel verwaltet. Es herrschte die Freudlosigkeit der traurigen Tropen, graue Menschen, blätternder Putz und grünstichige Häuser.

Alles vorbei. Inzwischen wird von Arabisch bis Japanisch die gesamte Bandbreite der internationalen Küche angeboten. Sieben Millionen Einwohner, und auf den Straßen drängen sich täglich 400 000 Autos und drei Millionen Mopeds. In Wirklichkeit besteht die südliche Metropole aus drei Städten: dem alten Saigon, Erbe der Franzosen mit baumbestandenen Boulevards und kolonialen Prachtbauten wie Rathaus, Hauptpost, Oper und Kathedrale. Dazwischen ragen Hochhäuser empor wie Geschwüre. In Cholon, dem Chinesenviertel, wohnen Handel und Geschäftigkeit. Jede Kreuzung ein Straßenmarkt, jedes zweite Haus ein Geschäft und jeder dritte Fußgänger ein ambulanter Händler. Die dritte Stadt heißt Saigon-Süd. Sie liegt am Saigon-Fluss und repräsentiert die Zukunft: Ein 3100 Hektar großes Projekt mit Ladenpassagen, Hotels, Krankenhäusern, Schulen, Büros, Golfplatz, Wohnsiedlungen und Appartements.

Und wohin flüchtet der Besucher, wenn er genug hat von Tempo, Lärm und Menschenmassen? Zum Beispiel ins Mekongdelta. Auf dem Highway 1a führt die Reise in ein stilles Paradies: staubige Kleinstädte, verwunschene Dörfer, schwimmende Märkte, endlose Reisfelder. Kleine Jungen baden Wasserbüffel in Kanälen, Bauern pflügen mit Ochsengespannen. Und plötzlich verlangsamt sich die Zeit.

Unten:
An eine Oase erinnert diese Landschaft unweit des Strandes zwischen Mui Ne und Phan Thiet. Zwischen Sanddünen fließt die sogenannte Märchenquelle zum Meer.

Rechts:
Ein See mit blühenden Lotusblumen, dahinter erheben sich die weißen Sanddünen. Sie liegen 20 Kilometer von Mui Ne entfernt. Im Vietnamesischen heißen sie Bao Trang (Weißer See). Im Abendlicht leuchten sie gelb.

Seite 102/103:
Entlang des Strandes von Mui Ne finden sich wunderbare Hotels, die den Besucher das Land auf eine besondere Weise erleben lassen.

Oben:
Ein Treibnetz wird an Land gezogen. Fischfang in Vietnam ist immer noch Handarbeit.

Rechts:
Die bunten Fischerboote liegen im Hafen von Mui Ne. Meist fahren sie am späten Nachmittag zum Fang aus. Nachts wird im Licht starker Scheinwerfer geangelt.

Oben:
Die tägliche Versammlung der Reisstrohhüte: Fischmarkt am Hafen von Mui Ne.

Links:
Mit solch kleinen Booten kann nur in Strandnähe gefischt werden. Entsprechend gering ist der Fang.

Rechts:
Eine Bäuerin arbeitet im Gemüsefeld. Vietnam ist noch immer hauptsächlich Agrarland. Das Wohlergehen der Bauern ist das Wohlergehen des ganzen Volkes.

Unten:
Landschaft in Grün in der Nähe von Phan Thiet. Die 170 000-Einwohner-Stadt im Süden von Vietnam ist berühmt für die Herstellung der Fischsoße Nuoc Mam.

Oben und links:
Was wäre eine Leben ohne Reis? Nichts! Aufgabe der Frauen ist es, die frischen Pflanzen zu setzen, die Felder von Unkraut zu befreien.

Die Tunnel von Cu Chi

Rund 40 Kilometer nordwestlich von Saigon ist Vietnams blutige Vergangenheit eine touristische Sehenswürdigkeit. Auf einem kiesbedeckten Parkplatz werden Busse mit japanischen und chinesischen Reisegruppen eingewiesen. Lächelnde Führer geleiten den Gast in einen niedrigen Laubwald, vorbei an Bombenkratern, hin zu verborgenen Eingangsluken. Dahinter gähnten einst klaustrophobische Röhren. Inzwischen sind sie von polnischen Restaurateuren vergrößert und abgesichert worden.
Wer sich in die Höhlen begibt, lernt, dass Schrecken keine Frage der Vorstellungskraft ist. Hier unten herrscht nicht die Dunkelheit der Nacht, sondern die Schwärze und Stille eines Grabes. Es ist heiß und feucht und schmutzig. Gebückt bewegt man sich entlang endloser Gänge, kriecht durch schmale Öffnungen. Dies sind die Tunnel von Cu Chi (ausgesprochen: Ku Shi), ein unterirdisches Labyrinth, dessen Existenz zwar nicht den Vietnamkrieg entschied, aber entscheidende Bedeutung für die Wiedervereinigung Vietnams hatte. Mitte der 1960er - Jahre, auf dem Höhepunkt des Krieges, reichte das Untergrundnetzwerk von der kambodschanischen Grenze (wo das Nachschubwerk des Vietcong, der Ho-Chi-Minh-Pfad, endete) bis vor die Tore Saigons. Fast 250 Kilometer unsichtbare Verbindungswege zwischen Dörfern, Distrikten und Provinzen. Sicher in der roten Erde vergraben befanden sich Kampfstellungen, Nachschublager, Waffenfabriken, Krankenhäuser. 60 Tonnen schwere Panzer brachten die Decken nicht zum Einsturz, 100-Kilo-Bomben konnten sie nicht zerstören.
Der Distrikt Cu Chi liegt zwischen den lehmigen Fluten des Saigon- und Vam-Co-Flusses. Eine weite Ebene, bedeckt mit Reis-, Erdnuss- und Zuckerrohrfeldern und Gummibaumplantagen, überzogen von kleinen Dörfern und Weilern. Der tonhaltige, luftdurchlässige Boden befindet sich 15 bis 20 Meter über Meereshöhe, der Grundwasserspiegel in einer Tiefe von zehn bis zwölf Metern. Während der Trockenzeit wird die Erde hart wie Stein – ideale Voraussetzungen für die Anlage von Tunneln. Die ersten wurden bereits nach dem Zweiten Weltkrieg angelegt. Dies war die Zeit der Kämpfe zwischen der kommunistischen Vietminh und der französischen Kolonialmacht. Männer, Frauen und Kinder gruben mit Handhacken die Tunnel. Die Erde wurde in flachen Bambuskörben abtransportiert und in der Umgebung sorgfältig verteilt. Ein halber Meter pro Tag galt als Leistung. Angelegt wurden Schutzräume gegen Bombenangriffe und geheime Waffenlager.
In den 60er-Jahren bekam der Unabhängigkeitskampf eine neue Dimension. Mit massiver Unterstützung der Amerikaner baute das südvietnamesische Regime seine Macht aus. Am 8. März 1965 gingen in der Hafenstadt Da Nang die ersten 3500 Marines an Land; Ende des Jahres befanden sich 165 000 amerikanische Soldaten in Vietnam. Ein Jahr später waren es bereits 400 000.

Ausgeklügeltes Untergrundnetzwerk

Währenddessen wurde Cu Chi zur sicheren Basis, zum vorgeschobenen Kommandoposten der Vietcong ausgebaut. Das alte, 48 Kilometer lange Tunnelsystem wurde repariert, ein neues, verbessertes Untergrundnetzwerk angelegt. Meist lagen die Tunnel auf drei Ebenen, drei, sechs und acht bis zehn Meter tief. Die Gänge waren 60 Zentimeter breit und bis zu 1,50 Meter hoch. Falltüren, geschützt durch Bambusfallen und Minenfelder, schützten die Eingänge. Verborgen vor feindlicher Luftaufklärung entstanden Konferenzräume und Waffenlager, Schlafräume und Ambulanzen. Es gab konisch geformte Bombenschutzräume mit kleinen Luftschächten, deren Form gleichzeitig die Geräusche näherkommender Hubschrauber verstärkte. Es gab die sogenannte Dien-Bien-Phu-Küche, wo der Rauch des Herdes über ein Röhrensystem zerstäubt wurde, um die Stellung nicht zu verraten. Tagsüber wurden in unterirdischen Waffenfabriken Minen und Handgranaten hergestellt, und Schulunterricht abgehalten. Nachts bewegten sich Guerilla-Gruppen zu den Vorposten alliierter und südvietnamesischer Soldaten, um sie im Schutz der Dunkelheit zu überfallen. Kurz vor Kriegsende spielten die Tunnel eine letzte wichtige Rolle, als die nordvietnamesische Armee ihr vorgeschobenes Hauptquartier in die von Menschenhand gemachten Höhlen verlegten. Von hier aus wurde die Einnahme Saigons am 30. April 1975 koordiniert.

Links:
Trotz besserer Ausrüstung und dem Einsatz von chemischen Mitteln endete der Tunnelkampf in Cu Chi für die Amerikaner mit hohen Verlusten.

Oben:
Erinnerung an den Befreiungskampf: Kommandozentrale in den Tunneln von Cu Chi.

Bilder rechts:
Die Eingänge der Tunnel waren so klein, dass ein Mann zur Verteidigung genügte.

Unter Laub versteckt: einer der schmalen Eingänge zum Tunnelsystem. Hier zeigt ein Vietnamese, wie die Kämpfer scheinbar spurlos in der Erde verschwanden.

Konica

tanakan

Seite 110/111:
Seit 1975 hat Saigon einen neuen Namen, doch niemand liebt ihn wirklich. Deshalb ist Ho-Chi-Minh-Stadt zu einer Metropole der Akronyme geworden: HCM oder HCM-City schreibt man. Hier blicken wir auf den Me-Linh-Platz und den Saigon-Fluss.

Der Kreisverkehr vor dem Ben-Thanh-Markt. Hier liegt ungefähr die geografische Mitte Saigons. Die Statue in der Mitte zeigt Tran Nguyen Han aus der Königsfamilie der Tran. Er setzte im 13. Jahrhundert zum ersten Mal Brieftauben bei der Nachrichtenübermittlung ein.

Vietnamesen lieben lange Namen. Auch bei Straßen. Dies ist die Dai Lo Tran Hung Dao Street in Saigon.

Oben:
Als wäre sie direkt aus Frankreich importiert worden: Die Backsteinkathedrale Notre Dame aus dem Jahr 1880.

Links:
Rush Hour vor dem verglasten „Diamond Plaza Department Store“ in Saigon. Supermoderne Einkaufszentren sind die neuen In-Treffs für Vietnamesen. Drinnen laufen die Klimaanlagen auf Hochtouren, man gleitet über glänzenden Marmor. Es gibt keine Kakerlaken.

Rechts:
Das Stadttheater badet im Scheinwerferlicht. Gebaut wurde es 1899. Während der amerikanischen Besatzung diente es als Parlament, seit der Befreiung 1975 ist es wieder Theater.

Unten:
Anziehungspunkt für Gourmets und Romantiker: Das Restaurantschiff „Ben Nghe“ auf dem Saigon-Fluss.

Oben:
Eine wilde, verwegene Jagd: Nachts ziehen sich um den Kreisverkehr am Ben-Thanh-Markt die Scheinwerfer der Mopeds wie Lichterschlangen.

Links:
Unter der dünnen Firnis der sozialistischen Metropole Ho-Chi-Minh-Stadt lauert überall das alte Saigon: Vorne leuchtet das Rex Hotel, dahinter das koloniale Rathaus, das noch immer Hôtel de Ville heißt.

Unten:
Was sich hinter den Bäumen erhebt, war mal der Präsidentenpalast, auch genannt: „Das Weiße Haus Südvietnams“. Heute heißt das Gebäude „Wiedervereinigungspalast“.

Rechts oben:
Kriegsveteranen beim 30. Jahrestag der Befreiung Saigons. Am 30. April 1975 wurde der Präsidentenpalast von nordvietnamesischen Panzern gestürmt. Es war das Ende des Vietnamkrieges.

Rechts Mitte:
Das Kriegsmuseum in Saigon erinnert an den erbitterten Widerstand und ist ein Mahnmal gegen die Gräuel der Vergangenheit.

Rechts unten:
Auszeichnungen eines Kriegsveteranen. Die siegreichen Soldaten erhalten eine kleine Rente, sind in der Öffentlichkeit hoch angesehen. Die Verlierer gehen leer aus.

Ganz links:
Cholon, die Chinesen-Stadt von Saigon, repräsentiert den Dreiklang aus Lärm, Geschäftigkeit und Geld. Pagoden, wie hier die Chua-Quan-Am-Pagode, sind die einzigen Plätze der Verinnerlichung.

Links:
Sonnenstrahlen verwandeln die Thien-Hau-Pagode in einen mystischen Ort. Die Pagode wurde Anfang des 19. Jahrhunderts von der kantonesischen Gemeinde errichtet.

Unten:
Chinesisch ist die Sprache in den Pagoden und Tempeln von Cholon. Chinesisch wird auch in ihnen geschrieben.

Ganz links und links:
Gläubige in der Thien-Hau-Pagode in Cholon. Sie ist der Schutzgöttin der Fischer und Seeleute gewidmet und wurde von den Chinesen zum Dank für die sichere Fahrt von China nach Vietnam errichtet. Das Bauwerk gilt als typisches Beispiel südchinesischer Tempelarchitektur.

Seite 120/121:
Wie überall im Mekongdelta spielt sich auch in Hoa Ninh bei Vinh Long ein großer Teil des Lebens auf dem Wasser ab.

VĂN HÓA
HUYỆN LONG HỒ
HÒA PHÚ

Oben:
Unterwegs im Mekongdelta: Schwankende Holzstege führen durch die Flusslandschaft bei Vinh Long.

Rechts:
Die südliche Provinz Ben Tre im Deltagebiet des Mekongs wird durch ein Netzwerk aus kleinen Flüssen und Kanälen durchzogen. Wichtigste Transportmittel sind Fähren.

Links:
Palmen, Bananen- und Mangoplantagen verwandeln das Mekongdelta in ein exotisches Märchenland. Aber nachts kommen die Moskitos.

Unten:
Vorrichtung fürs Abendessen: Über Stangen wird das große Fischernetz in den Fluss hinabgelassen und regelmäßig hochgezogen.

Unten:
Hier werden die Blätter aus Reispapier für Frühlingsrollen hergestellt.

Rechts oben: Frühlingsrollen sind in Vietnam Bestandteil jedes größeren Essens. Es gibt sie gebraten oder roh und mit unterschiedlichen Füllungen (Schwein, Garnele, Gemüse).

Rechts Mitte: Was hier trocknet, sind die runden Reispapierblätter für Frühlingsrollen. Vor der Zubereitung werden sie kurz in eine Schale mit kaltem Wasser gelegt.

Rechts unten: Das Auge isst mit: Ein Teller mit vietnamesischen Frühlingsrollen. Sie heißen „Cha Gio“ im Süden und „Nem Ran“ im Norden Vietnams und werden natürlich vor dem Verspeisen in die Fischsoße „Nuoc Mam“ eingestippt.

Oben und rechts:
Das fröhliche Lachen verrät: Die Geschäfte laufen gut. Wir sind auf dem Markt der Provinzstadt Vinh Long, 135 Kilometer südwestlich von Saigon. Fisch wird in Massen verkauft. Und natürlich reife Ananas, die so viel süßer schmecken als die Früchte, die bei uns angeboten werden.

Oben und links:
Gemüsestand auf dem Markt von Vinh Long. Die Provinz im Zentrum des Mekongdeltas ist berühmt für den Anbau tropischer Früchte wie Durian, Mangostan, Rambutan und die birnenförmige Guavenfrucht (Bild links).

Seite 128/129:
Töpfer in Vinh Long – das Töpferhandwerk wird in Vietnam schon seit annähernd 1000 Jahren ausgeübt und jede Dynastie hatte ihre eigene charakteristische Töpferkunst.

Oben:
Kunstvoll schwingt sich diese Holzbrücke über einen Kanal in Vinh Long. Vor der kommunistischen Machtübernahme 1975 hieß die Provinz im Mekongdelta Long Ho.

Rechts:
Das Leben ist ein langer ruhiger Fluss: Frachtkahn vor der Kulisse von Cai Be. Die kleine reizvolle Kleinstadt mit Hafen, Kirchen und Blumengärten liegt rund 130 Kilometer von Saigon entfernt.

Seite 132/133:
Kaufen und verkaufen auf schwankenden Planken: der schwimmende Markt von Cai Rang bietet alle Produkte an, die das Mekongdelta zu bieten hat.

Links:
Zu Lebzeiten hat er sich immer gegen den Personenkult ausgesprochen. Nach seinem Tod hat ihn die Partei mit Macht vereinbart: Ho-Chi-Minh-Statue in Can Tho, mit knapp 330 000 Einwohnern die größte Stadt im Mekongdelta.

Unten:
Eine der vielen Attraktionen im Delta: Der schwimmende Markt von Cai Be.

Register

Gejiu
Nanning
CHINA
Ha Giang
Cao Bang
Phong Tho
Lao Cai
Lang Cay
Nguyen Binh
Fan Si Pan 3.143 m
Hoang Lien Son
Song Hong
Tuyen Quang
Lang Son
Yen Bai
Tuan Giao
Thai Nguyen
Mong Cai
Beihai
Dien Bien Phu
Son La
Song Da
Viet Tri
Tien Yen
Zhanjiang
Bac Ninh
Hong Gai (Halong)
Halong-Bucht
Hanoi
Hoa Binh
Hai Duong
Hai Phong
Tan Lac
Parfüm-Pagode
Do Son
Cat Ba N.P.
Nam Dinh
Thai Binh
Cuc Phuong N.P.
Ninh Binh
Co-Le-Pagode
Golf von Tonking
Haikou
Louangphrabang
2.452 m
Thanh Hoa
Tinh Gia
Hainan
Tuong Duong
Quynh Luu
Do Luong
Dien Chau
Vinh
Annamitische Küstenkette
Ha Tinh
Vientiane
Hoa Binh
Dong Hoi
Vinh Moc Tunnel
LAOS
Dong Ha
Quang Tri
Khon Kaen
Mekong
Huê
Phu Bai
Da Nang
THAILAND
Hoi An
Giang
Tam Ky
Binh Son
Ubon Ratchathani
Pakse
Ngoc Linh 2.598 m
Quang Ngai
Duc Pho
Plei Can
VIETNAM
Kon Tum
Phu Cat
Bangkok
Plei Ku
Quy Nhon
Südchinesisches Meer
Cheo Reo
Chi Thanh
Yok Don N.P.
Tuy Hoa
KAMBODSCHA
Buon Don
Dai Lanh
Buon Me Thuot
Van Ninh
Ninh Hoa
Chu Dang Sin 2.405 m
Dien Khanh
Nha Trang
Kien Duc
Da Lat
Cam Ranh
Duc Trong
An Loc
Di Linh
Phnom Penh
Bao Loc
Phan Rang-Thap Cham
Mekong
Chon Thanh
Tay Ninh
Cat Tien N.P.
Song Luy
Tuy Phong
Thu Dau Mot
Bien Hoa
Phan Thiet
Chau Doc
Ho Chi Minh (Saigon)
Da Mai
Long Xuyen
Ha Tien
My Tho
Vung Tau
Go Cong
Phu Quôc
Vinh Long
Go Cong Dong
Ben Tre
Rach Gia
Can Tho
Tra Vinh
Golf von Thailand
Mekong-Delta
Soc Trang
Bat Pagode
Ca Mau
Bac Lieu
Con Dao

Was macht man, wenn man einen Haifisch gefangen hat und ihn für teures Geld verkaufen will? Man zerteilt ihn und transportiert ihn zur nächsten Kleinstadt, in diesem Fall Ninh Hoa. Die Flosse geht natürlich an ein Chinarestaurant.

Impressum

Buchgestaltung
www.hoyerdesign.de

Karte
Fischer Kartografie, Aichach

Printed in Germany
Repro: Artilitho, Lavis-Trento, Italien – www.artilitho.com
Druck und Verarbeitung: Offizin Andersen Nexö, Leipzig

ISBN 978-3-8003-4057-6